AF258264

IVᵉ CONGRÈS

DE

LÉGISLATION INDUSTRIELLE

ORGANISÉ PAR

LES INDUSTRIELS TEXTILES

JEUDI 26 MARS 1914

Salle des Ingénieurs Civils, 19, rue Blanche.

I. — L'impôt sur le revenu.
II. — L'impôt sur le capital.
III. — La conférence internationale de Berne de septembre 1914.
IV. — La semaine anglaise.
V. — La législation des poids et mesures.
VI. — Rappel de vœux précédemment adoptés au sujet de : la réglementation du travail. Les heures supplémentaires en cas de chômage dû à une cause accidentelle ou de force majeure.

I

L'IMPOT SUR LE REVENU

Les Industriels textiles,

Considérant que le projet présenté au nom de la Commission sénatoriale comporte, d'une part, le remaniement de la contribution foncière et celle de l'impôt sur les valeurs mobilières, de l'autre, l'établissement d'un impôt général sur le revenu destiné à remplacer les contributions personnelle-mobilière et des portes et fenêtres;

Considérant que la transformation du foncier non bâti en un impôt de quotité constitue une réforme aussi désirable qu'urgente, bien qu'elle se trouve entraîner l'élévation de 3,20 à 4 0/0 du taux du foncier bâti industriel;

Considérant que s'il est nécessaire d'apporter de prudentes retouches aux autres contributions directes, il serait téméraire, surtout à un moment de crise financière et économique, de remplacer deux de nos impôts réels, la personnelle-mobilière et les portes et fenêtres, par un impôt personnel sur le revenu global établi, d'après des principes diamétralement opposés à ceux du régime fiscal actuel qui a permis au pays de traverser, sans diminution de son crédit, les plus douloureuses périodes de son histoire ;

Considérant que le projet d'impôt général sur le revenu présenté par la Commission serait tout aussi vexatoire dans son application que celui adopté par la Chambre;

Considérant en effet que si le contribuable industriel se refusait à recourir à la déclaration, son revenu serait calculé en multipliant par 40 le principal de la patente, mode d'évaluation qui se traduirait par une surcharge représentant de 70 à 100 0/0 du total des impôts d'État;

Considérant que, faute par le projet de prévoir les détails d'application de l'impôt général sur le revenu et notamment les charges à déduire du revenu industriel, le contribuable se trouverait entièrement livré à l'arbitraire de l'administration;

Considérant que l'administration elle-même serait dans l'impossibilité, avant une très longue période de préparation, d'assurer l'application d'un système aussi compliqué et qu'il lui faudrait, pour y parvenir, engager d'innombrables procès;

Considérant que, dans ces conditions, l'impôt général sur le revenu ne peut assurer à l'État les ressources immédiates qui lui sont nécessaires;

Protestent :

Contre tout projet d'impôt basé sur la personnalité et la globalité.

Émettent le vœu :

Que la réforme du foncier non bâti soit réalisée au plus tôt;

Qu'il soit procédé graduellement à la mise au point des autres contributions et notamment de celle des patentes par les revisions quinquennales;

Que le Sénat, poursuivant par étapes l'examen de notre régime fiscal, disjoigne du projet présenté par la Commission les dispositions, inacceptables et contraires aux traditions françaises, qui concernent l'impôt sur le revenu.

Bar-le-Duc. — Imprimérie Contant-Laguerre.

II

L'IMPOT SUR LE CAPITAL

Les Industriels textiles,

Considérant que l'impôt sur le capital, conjugué avec l'impôt sur le revenu, constitue, tel qu'il résulte du projet présenté à la Chambre, une menace d'autant plus grave qu'il n'est pas un pays où le capital, sous toutes ses formes, soit plus lourdement grevé qu'en France;

Considérant que si, à l'appui de ce projet, on invoque le précédent de l' « estate duty » anglais, il convient de rappeler que, dans un pays comme la Grande-Bretagne où par suite de l'organisation de la propriété les mutations immobilières sont restreintes, cet impôt constitue, suivant l'expression d'un éminent auteur, M. Boutmy, une véritable taxe de mainmorte;

Considérant qu'en France, au contraire, les droits de timbre et d'enregistrement atteignent un chiffre si élevé, par suite du morcellement de la propriété, qu'en les ajoutant aux droits de succession, on constate que les impôts sur les capitaux acquittés par les Français, en 1912, dépassent de beaucoup ceux payés par les Anglais, pendant la même année, malgré l'élévation récente du taux de l'estate-duty;

Considérant que, dans ces conditions, l'impôt proposé, loin de présenter le caractère d'un impôt de redressement, constituerait en réalité une taxe de superposition atteignant à nouveau, après tous les autres impôts, non pas seulement la richesse mais le petit capital, l'instrument de travail et l'épargne en formation;

Considérant que l'établissement de cet impôt devant donner lieu, tous les cinq ans, à une recherche inquisitoriale du capital du contribuable, ces investigations constitueraient pour les industriels et commerçants un véritable danger, toute indiscrétion au sujet de leur situation, surtout lorsqu'il s'agit d'entreprises petites ou moyennes, entraînant les plus graves conséquences au point de vue de leur crédit;

Considérant que la protestation de tous les représentants des diverses industries françaises contre un projet, injuste dans son principe, vexatoire dans ses procédés, dangereux par ses conséquences, est inspirée, non par le désir de défendre de prétendus privilèges, mais par le souci d'éclairer les pouvoirs publics et le pays contre une mesure de nature à décourager toute initiative et à paralyser tout effort;

Considérant que, soucieuse de mettre fin à un état de malaise et d'incertitude dû au long retard apporté à l'émission de l'emprunt et de contribuer au raffermissement des finances publiques, l'industrie textile française se déclare prête à accepter les charges résultant d'une augmentation des impôts directs et indirects, pourvu qu'ils soient établis suivant les principes équitables et tutélaires de la réalité et de la proportionnalité;

Émettent le vœu :

Que le projet d'impôt sur le capital soit repoussé au plus tôt par le Parlement;

Que l'emprunt de liquidation soit émis sans délai et en une fois;

Que des ressources nouvelles et immédiates soient demandées à une surtaxe des impôts directs existants, avec exemption pour les petites cotes, et à une augmentation corrélative de certains droits de consommation.

Bar-le-Duc. — Imprimerie Contant-Laguerre.

III

LA CONFÉRENCE INTERNATIONALE DE BERNE DE SEPTEMBRE 1914

Les Industriels textiles,

Considérant que les représentants de 14 États seront appelés, dans quelques mois, à se prononcer sur les conclusions de la Conférence dite *technique,* — mais en réalité officieuse, — de législation ouvrière, réunie à Berne en septembre dernier;

Considérant que certaines des conclusions de cette assemblée auraient des conséquences très graves pour les industries textiles, en ce qui touche, notamment, l'application des dérogations à la durée du travail dont seraient exceptés les jeunes ouvriers de moins de seize ans et la limitation hebdomadaire facultative de la durée du travail à 60 heures;

Considérant qu'avant de participer aux travaux d'une Conférence officiellement accréditée, il est indispensable, qu'en vue de sauvegarder les intérêts de l'industrie française, le Gouvernement consulte les Chambres de commerce et les organisations professionnelles qualifiées pour donner leur avis sur les propositions soumises à cette conférence;

Considérant qu'il y a lieu d'appeler l'attention des pouvoirs publics sur la gravité des dispositions tendant à limiter l'application des dérogations à la durée du travail à une partie seulement du personnel des établissements, au risque de rompre l'unification de la durée du travail dans les ateliers mixtes édictée par la loi de 1900;

Considérant qu'une telle mesure, à un moment où la main-d'œuvre est particulièrement rare, aurait les plus graves répercussions sur la prospérité de l'industrie française; qu'elle serait désastreuse pour l'apprentissage puisque, d'après l'avis des inspecteurs du travail eux-mêmes, le seul moyen de prévenir les renvois de jeunes ouvriers et de restaurer l'apprentissage consisterait dans l'attribution de dérogations à toutes les industries, pour tout le personnel;

Considérant qu'il y a lieu d'appeler également l'attention du Gouvernement sur la disposition préconisée par la conférence *technique* tendant à accorder, pour l'application de la durée du travail de dix heures, un délai de sept ans en faveur des pays qui admettent encore la journée de 11 heures pour les femmes et les enfants;

Considérant enfin que les conventions internationales relatives à la législation du travail aboutiraient à une véritable duperie pour les États dont la réglementation du travail est le plus en avance, — ce qui est le cas de la France, — s'ils se trouvaient contraints d'appliquer immédiatement les prescriptions édictées, alors qu'un sursis plus ou moins long serait accordé à ceux qui ont à parfaire leur législation intérieure;

Émettent le vœu :

Que le Gouvernement français n'accepte pas de participer à la conférence diplomatique projetée, sans avoir au préalable fait une enquête auprès des Chambres de commerce et auprès des groupements intéressés sur les propositions soumises aux plénipotentiaires;

Que les dérogations envisagées à Berne soient, — si une convention intervient, — accordées à tout le personnel sans exception;

Que toute convention soit applicable à tous les États, à partir de la même date et dans toutes ses parties;

Qu'au cas où un délai de mise en vigueur serait admis au profit d'un ou de plusieurs pays, afin de leur permettre de modifier leur législation intérieure, l'effet de la Convention reste suspendu pour tous les autres États, jusqu'à l'expiration de ce délai.

IV

LA SEMAINE ANGLAISE

Les Industriels textiles.

Considérant que deux propositions de loi tendant à introduire obligatoirement en France la « Semaine anglaise » ont été déposées à la Chambre et examinées par la Commission du travail ;

Considérant que celle-ci propose de réaliser la mesure en deux étapes, la journée de travail devant finir le samedi, à 4 heures, deux ans après la promulgation de la loi, puis, à midi, au bout d'un nouveau délai de quatre ans ;

Considérant que l'intervention de la loi pour imposer, d'un bout à l'autre de l'année, sans souci ni des circonstances de temps et de lieu, ni des besoins du marché, ni des nécessités de telle ou telle spécialité, un mode d'organisation du travail qui devrait constituer normalement une simple question d'espèce, suivant les industries et leur état momentané, contribuerait encore à affaiblir la production française vis-à-vis de ses concurrents ;

Considérant qu'avant de soumettre les diverses branches de l'industrie à des prescriptions encore plus rigides qu'actuellement, il conviendrait tout au moins d'attendre que les autres États aient adopté des mesures de réglementation analogues à notre législation et que celle-ci ait été assouplie dans le sens de la proposition Waddington-Maxime Lecomte, adoptée par le Sénat en 1904 ;

Considérant que les chambres de commerce et les groupements industriels ont été unanimes à déclarer l'adoption obligatoire de la « semaine anglaise » inopportune et dangereuse, à un moment où la crise de la main-d'œuvre est particulièrement grave et où des peuples jeunes et actifs entrent dans la lutte industrielle;

Considérant qu'en ne tenant pas compte d'un avis aussi formel, le Parlement s'exposerait à adopter une mesure qui, sous une apparente bienveillance pour la classe ouvrière, ne serait pas moins désastreuse pour elle que pour les consommateurs, par suite d'un nouveau et immanquable renchérissement de la vie;

Considérant que si l'État se propose d'adopter la semaine anglaise dans ses établissements c'est que, pouvant compter sur les ressources que les contribuables lui assurent, il n'a pas à se préoccuper, comme l'industrie privée, de l'élévation du prix de revient ni de la concurrence étrangère;

Émettent le vœu :

Qu'avant de songer à appliquer en France toute prescription nouvelle restrictive de la durée du travail, — ce qui serait le cas d'un texte rendant obligatoire l'usage de la semaine anglaise, — les pouvoirs publics apportent à notre législation du travail les retouches destinées à lui donner plus de souplesse et attendent que les autres pays aient effectivement adopté des mesures de réglementation analogues à celles qui entravent actuellement nos industries.

Bar-le-Duc. — Imprimerie Contant-Laguerre.

V

LA LÉGISLATION DES POIDS ET MESURES

Les Industriels textiles,

Considérant qu'un projet de loi relatif aux unités de mesure, tendant notamment à déterminer les conditions dans lesquelles s'effectuerait la revision des règlements des poids et mesures, a été présenté à la Chambre le 11 novembre 1913;

Considérant qu'il convient d'introduire dans les textes une distinction précise entre les instruments de mesure proprement dits, employés dans les relations du commerce avec les tiers, et les appareils d'ordre intérieur dont il est fait usage en vue du contrôle de la fabrication ou des essais de laboratoire;

Considérant qu'une regrettable confusion entre ces deux catégories d'appareils trop souvent faite par les vérificateurs des poids et mesures donne lieu à des difficultés nombreuses entre eux et les industriels;

Émettent le vœu :

Que le projet de loi déposé par le Gouvernement le 11 novembre 1913 épargne les opérations de vérification et l'application des règlements sur les poids et mesures aux appareils destinés uniquement à un usage d'ordre intérieur, soit pour le contrôle de la fabrication, soit pour des essais de laboratoire.

Bar-le-Duc. — Imprimerie Contant-Laguerre.

VI

RAPPEL DE VŒUX PRÉCÉDEMMENT ADOPTÉS

A

RÉDUCTION A 10 HEURES DE LA DURÉE DU TRAVAIL DES HOMMES ADULTES

(Projet adopté par la Chambre le 4 juillet 1912).

Les Industriels textiles,

Rappelant les vœux précédemment émis,

Considérant que la Chambre a adopté, le 4 juillet 1912, un projet tendant à réduire à 10 heures, comme pour les femmes et les enfants, la durée du travail de tous les hommes adultes dans les établissements industriels ;

Considérant que si l'intervention de l'État a été admise par la Conférence de Berlin de 1890 et par tous les grands États industriels lorsqu'il s'agit de protéger la femme et l'enfant, elle ne se conçoit pas lorsqu'elle prétend apporter des limites au travail des hommes adultes qui ont à leur disposition tous les moyens de défendre leurs droits ;

Considérant que, dans aucun pays de l'Europe, sauf la France, en ce qui concerne les ateliers mixtes, la limitation du travail de l'homme adulte n'a été établie sur la base de la réglementation de la journée des femmes et des enfants ;

Considérant qu'une telle mesure aurait pour résultat, en obligeant les spécialités dans lesquelles la durée du travail dépasse couramment 10 heures à augmenter leur personnel, d'aggraver la crise de la main-d'œuvre que traverse l'industrie française et, par conséquent, d'élever encore le coût de l'existence ;

Considérant que les dérogations admises par la Chambre étant insuffisantes, il serait nécessaire, pour réaliser le but visé par le projet, d'accorder les dérogations prévues pour les hommes adultes à tout le personnel;

Considérant que l'adoption par la France de la limitation à 10 heures de la durée du travail des hommes adultes, alors que certains pays industriels n'ont même pas appliqué chez eux toutes les dispositions de la Conférence de Berlin de 1890 sur la réglementation du travail des femmes et des enfants, aggraverait encore l'état d'infériorité dans lequel les industriels français se trouvent déjà placés vis-à-vis de leurs concurrents, notamment au point de vue de l'exportation;

Émettent le vœu :

Que la limitation à 10 heures de la durée du travail des hommes adultes ne soit adoptée en France que lorsqu'une Conférence internationale aura décidé l'application simultanée de cette mesure par tous les États industriels;

Qu'en tout cas, les dérogations à la durée du travail prévues pour les hommes adultes soient étendues à tout le personnel.

B

HEURES SUPPLÉMENTAIRES EN CAS DE CHOMAGE
DU A UNE CAUSE ACCIDENTELLE OU DE FORCE MAJEURE
(Projet déposé au Sénat le 9 février 1912).

Les Industriels textiles,

Rappelant les vœux précédemment émis,

Considérant qu'il est conforme à l'intérêt des ouvriers comme à celui des employeurs de pouvoir regagner les heures perdues, à la suite d'un chômage dû à une cause accidentelle ou de force majeure, en prolongeant pendant un certain temps la journée de travail;

Considérant que si, pour remédier à cette lacune de notre réglementation du travail, un projet de loi a été déposé au Sénat le 9 février 1912 en vue d'instituer des dérogations en cas d'arrêt partiel ou total d'un établissement par suite d'une cause accidentelle, les dispositions proposées sont fort incomplètes puisqu'elles ne visent pas les cas de force majeure autres que des accidents au matériel et qu'elles ne permettent de regagner les heures perdues qu'à concurrence de moitié ;

Considérant que le projet subordonne à une autorisation préalable l'octroi de ces dérogations, alors qu'aux termes de l'article 7 de la loi de 1892 modifié le 22 décembre 1911 et devenu l'article 23 du livre II du Code de travail, il suffit de l'envoi d'un simple préavis pour bénéficier du travail de nuit, seule dérogation actuellement prévue en cas d'interruption accidentelle du travail ;

Considérant que cette modification législative est extrêmement urgente et qu'il est dans l'intérêt des employeurs et des ouvriers qu'elle soit promptement votée ;

Émettent le vœu :

Que le Parlement examine, dans le plus bref délai possible, le projet déposé au Sénat, le 11 février 1912, par M. le Ministre du Travail et tendant à autoriser, en cas de chômage dû à un accident au matériel, des dérogations à la durée du travail de jour ;

Que ces dérogations soient étendues en cas de chômage par suite de circonstances de force majeure ;

Que les industriels soient autorisés à regagner tout le temps perdu par eux et leurs ouvriers en portant la durée du travail à 12 heures, sur simple préavis, pendant un nombre de jours déterminé, puis au delà de ce délai, sous réserve de l'autorisation de l'inspecteur du travail, conformément aux dispositions de la proposition Waddington-Maxime Lecomte adoptée en 1904 par le Sénat.